AF463912

# PLAIDOYER

DE

# M. DE THORIGNY

DANS

LE PROCÈS DE LA *GAZETTE DE FRANCE*.

COUR D'ASSISES DE LA SEINE, AUDIENCE DU 25 AOUT 1849.

ACQUITTEMENT.

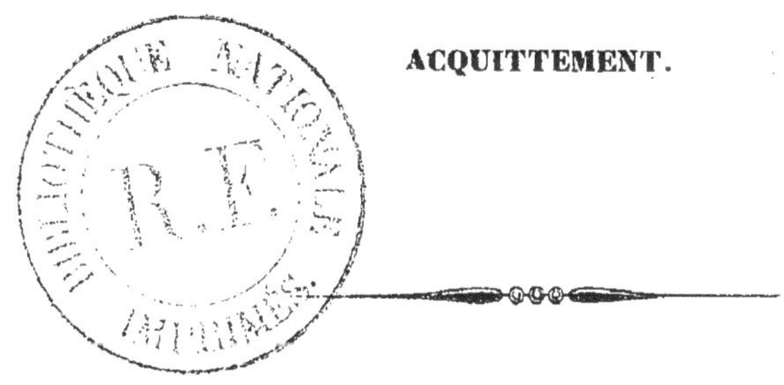


PARIS,
TYPOGRAPHIE DE FIRMIN DIDOT FRÈRES,
IMPRIMEURS DE L'INSTITUT,
RUE JACOB, 56.

1849.

# PLAIDOYER

DE

# M. DE THORIGNY.

Messieurs les Jurés,

Je ne croyais pas, je l'avoue, avoir à répondre aujourd'hui à une accusation sérieusement soutenue. Elle me semblait doublement impossible : impossible, si l'on se reporte aux circonstances au milieu desquelles a eu lieu la publication de l'article déféré à votre justice; impossible, si l'on considère qu'il s'agit d'un article écrit à l'occasion d'un discours de la veille qui soulevait les plus hautes questions politiques, et que la rédaction rapide de cet article, à supposer qu'elle eût heurté, sans le vouloir, quelque texte de loi, devait trouver son excuse dans sa précipitation même.

Le ministère public n'en a pas jugé ainsi; je respecte sa conviction. Mais la justice favorable qu'il refuse à la *Gazette de France*, je l'obtiendrai, j'en suis certain, de votre conscience éclairée.

Je ne peux en vérité rendre grâce à M. l'avocat

général de son appréciation bienveillante sur l'esprit habituel de la rédaction de la *Gazette de France*, puisqu'il s'en fait aussitôt une arme plus incisive contre elle.

Plus il a mis même d'abandon et de facilité dans cette concession apparente, plus la *Gazette de France* doit repousser avec énergie le miel dangereux de ses paroles. Ce sont tout simplement des fleurs dont on voudrait orner le front de la victime.

Oui, la *Gazette de France* est un journal voué à la cause de l'ordre. Oui, dans le déchaînement des passions anarchiques, dans la confusion d'idées, de principes, de règles et de mœurs où se débat notre époque, elle s'applique chaque jour à défendre la société menacée.

Vous avez raison de le penser et de le dire : c'est une justice à lui rendre.

Mais pour qu'elle fût complète, il faudrait ajouter que, même dans ce qui fait en ce moment le sujet des reproches du ministère public, la *Gazette de France* est encore fidèle à la grande mission de l'ordre, et qu'ici, comme toujours, elle cherche la lumière qui peut éclairer l'abîme, et la vérité qui doit en préserver le pays.

Qu'a-t-elle dit, en effet? et de quoi l'accuse-t-on?

M. l'avocat général lui impute un délit d'attaque contre les institutions républicaines et la constitution.

Je fais remarquer d'abord que l'article du 8 février ne dit pas un mot sur la constitution. Et puis, je me demande en quoi consiste l'attaque aux institutions républicaines. Raconter, examiner, discuter, ce n'est pas attaquer dans le sens de la loi, non plus que dans la signification grammaticale du mot.

Autrement, souffrez que je le dise, ce serait supprimer l'histoire, étouffer l'intelligence, et laisser à la liberté d'appréciation et de jugement à peu près autant d'air et d'espace que sous le despotisme ombrageux des républiques du moyen âge.

Mais je reviendrai sur cette pensée. Avant tout, je dois relire l'article signalé à votre sévérité par M. l'avocat général, et en marquer la portée et le véritable caractère.

Cet article est intitulé : *Discours de M. Lamartine*. Le voici :

« On ne peut refuser à M. Lamartine un véritable talent oratoire, de vives lueurs d'intelligence et de raison ; mais il n'est pas plus conséquent dans ses discours qu'il ne l'a été dans sa conduite politique.

« M. Lamartine revendique l'honneur d'avoir contribué à fonder la République en France, comme Moïse, ou Lycurgue, ou Romulus auraient pu revendiquer la gloire d'avoir fondé des nations nouvelles et de leur avoir donné des lois. Mais la France, en 1849, n'était pas dans la condition des Hébreux, des Grecs et des Romains à leur origine.

« La France est une nation qui a quatorze cents ans d'existence ; elle est donc fondée depuis longtemps, elle n'a plus rien à fonder ; la nécessité pour elle est de retrouver ses institutions fondamentales, ses traditions, ses idées, et ses mœurs nationales.

« M. Lamartine prétend qu'il a compté sur l'Assemblée pour consolider la République. Ce n'est pas sur cette réunion d'hommes qu'il fallait compter, mais sur le pays. L'Assemblée ne pouvait exprimer que le sens des votes du 23 avril. Or, ces votes ont eu lieu sous l'impression d'une République imposée, proclamée, *fondée*, si l'on veut, à l'hôtel de ville, le 24 février. L'Assemblée a subi la République le 5 mai, comme le peuple l'avait subie le 23 avril. La République n'a été ni mise aux voix, ni délibérée, discutée et votée. Depuis bientôt un an elle est demeurée à l'état de fait révolutionnaire, comme la royauté du 7 août 1830.

« Et, cependant, qu'a produit cet acte, que nous n'hésitons pas à appeler une usurpation sur la souveraineté nationale? Il a produit ce que nous voyons, ce que M. Lamartine est obligé d'avouer : le désaccord de l'Assemblée avec elle-même, puis avec le pouvoir exécutif et enfin le pays, c'est-à-dire le chaos.

« Et ce triple désaccord a eu pour conséquences les agitations, les troubles, la guerre intestine, la ruine de nos finances, la perte du crédit, du commerce et de l'industrie, la détresse générale, la misère du peuple.

« Oh! il en coûte cher à une nation pour réaliser les rêves fantastiques de quelques hommes qui se trompent avec les meilleures intentions du monde. Il en coûte quelquefois jusqu'à l'indépendance et l'existence. Voyez plutôt la Pologne !

« Nous venons de dire que M. Lamartine est inconséquent ; il nous en fournit bientôt la preuve.

« Sentant le courant qui se fait dans l'atmosphère de l'opinion, il veut qu'on se fie au suffrage universel, à la conscience universelle, et repousse toute violence qu'on voudrait leur faire, sous le prétexte que la France n'est pas assez républicaine. Il conclut en demandant au pays *un pouvoir fort et incontesté*.

« Retour tardif, mais salutaire, à un grand principe méconnu depuis un an, méconnu surtout à l'origine d'une révolution qui pouvait sauver la France, et l'a plongée dans un labyrinthe de maux.

« Mais comment concilier cet abandon, ce recours à la conscience universelle, avec le maintien persévérant, absolu, de cette forme proclamée le 25 février? Comment concilier cette abnégation de toute idée particulière en faveur de l'idée générale, lorsqu'on procède par exclusion, lorsque, par exemple, on appelle une restauration monarchique la chute dans l'abîme?

« M. Lamartine n'est donc pas d'accord avec lui-même. Fécond et ingénieux en sophismes, il nous dit : Il y a deux sortes de républiques : une bonne et une mauvaise. La bonne est celle que la France veut; la mauvaise est celle dont la France ne veut pas. Mais cette distinction s'applique à toutes les formes de gouvernement. Qu'on nous montre donc la bonne république, car nous ne l'avons pas vue encore. Le pays ne peut pas faire ces distinctions; il n'a pas de prisme pour diviser ces couleurs et ces nuances. Il a besoin de principes fixes, d'institutions fortes et durables. Les hommes qui, seuls, font que ces principes et ces établissements sont bons ou mauvais, sortiront de la nature des choses.

« Toutefois ce discours, dans son ensemble, peut être considéré comme un appel au peuple, et nous en remercions son auteur. Cet appel, exercé sans violence matérielle, sans contrainte morale, peut sauver notre pays, désolé par l'anarchie. La France regrettera longtemps que ce remède souverain n'ait pas été appliqué un an plus tôt. »

L'article que je viens de remettre sous vos yeux, et que j'ai lu lentement, sans interruption, afin que chacune de ses expressions pût se graver plus profondément dans vos souvenirs, n'est autre chose qu'un examen critique des idées exprimées par M. de Lamartine dans son discours du jour précédent à l'Assemblée nationale.

Le rédacteur de la *Gazette de France*, vous l'avez vu, commence par rendre hommage à la vive et brillante intelligence de l'orateur. Mais, après ce tribut légitime au talent, il relève les contradictions que présente, suivant lui, le langage non moins que la conduite politique de l'auteur du discours.

M. de Lamartine avait dit, en abordant la tribune :

« Oui, je m'honore d'avoir adopté, une fois la révolution faite, la forme républicaine de gouvernement. »

Ces paroles ont frappé l'attention de la *Gazette de France ;* elle a reporté aussitôt son esprit vers l'époque rappelée par l'orateur, et a interrogé de nouveau les faits auxquels il se fait gloire d'avoir participé.

Il faut bien nous y arrêter un moment avec elle, puisque M. l'avocat général a cru devoir aussi s'engager dans cette voie, et nous inviter par cela même à l'y suivre.

Oh! si, devançant la postérité et le tribunal de l'avenir, il était permis de juger dès à présent avec calme, sans passion, sans regret ni ressentiment, les événements du mois de février 1848, croit-on sincèrement qu'on n'aurait à y signaler que les inconséquences dénoncées par l'article de la *Gazette de France ?*

M. de Lamartine nous apprend lui-même ce qui s'est fait, ce qui s'est dit à ce moment si grave et si périlleux pour le pays. Dans ces pages destinées à l'histoire, et où rayonne à la fois tant d'imagination et tant de bienveillance pour les choses et pour les hommes, il nous révèle tous les mystères de son cœur, toutes les hésitations de sa pensée.

Avec une franchise qui n'appartient qu'aux plus grands caractères, et qui l'absoudra peut-être aux yeux des hommes sages, M. de Lamartine se reproche d'abord les discours prononcés par lui pour maintenir la résolution d'assister aux banquets de février.

« Lamartine, dit-il, livrait quelque chose au hasard. La vertu ne livre rien qu'à la prudence, quand il s'agit du repos des États et de la vie des hommes. Il tentait Dieu et le peuple. Lamartine se reprocha depuis sévèrement cette faute. »

Ah! pourquoi ne l'avoir pas expiée aussitôt en employant cette parole, qui venait de soulever le flot populaire, à l'apaiser et à le contenir?

Voyez ce qui se passe.

M. de Lamartine se rend à la Chambre des députés le 24 février. Il ignore, dit-il, presque tous les événements de la nuit; il est inquiet; sa pensée flotte attristée et indécise.

Il rencontre, dans le vestibule même de l'Assemblée, un groupe d'hommes connus par leurs opinions républicaines. Ces hommes, dont il tait les noms, l'entourent, puis l'attirent dans une salle voisine, et lui disent que, dans leur conviction, la France n'étant pas encore mûre pour la république, il n'y avait pour lui qu'à proclamer avec eux la régence et à prendre le ministère.

Il leur demande un instant de réflexion pour peser, dit-il, dans son esprit, une résolution et une responsabilité si terribles.

Sa tête s'incline alors... comme pour lire dans l'urne du destin le mot mystérieux qui doit en sortir... Il reste immobile.

Que se passe-t-il en lui dans ce moment solennel, où, semblable au sort lui-même, il agite dans sa main le dé fatal? (Mouvement.)

Sans doute un écho du chant sublime du sacre

des rois a dû résonner alors dans son esprit!... sans doute aussi sa pensée s'est arrêtée, un instant émue, devant cette jeune et noble femme, assise non loin de là, avec son enfant, auprès des débris d'un trône!... (Vive sensation.)

Mais il s'était dit à lui-même un triste mot; c'est celui-ci : La question de gouvernement est une question de circonstances plutôt que de principes.

Sacrifiant les principes pour obéir aux circonstances évidemment mal jugées par lui, il relève son front, et dit : « Je ne suis pas républicain absolu comme vous, mais je suis politique; » et, comme politique, M. de Lamartine développe les raisons qui le poussent à adopter la forme républicaine. Il croit que tel est le vœu du pays, et que si le second mot du suffrage universel peut être monarchie ou empire, son premier mot sera république.

C'en est assez pour lui. Il entre dans l'enceinte législative; puis, aux applaudissements qui accueillent la duchesse d'Orléans et son fils, il répond du haut de la tribune :

« Je ne me figure pas qu'une acclamation momentanée, arrachée par une honorable émotion à une assemblée attendrie par un sentiment naturel, puisse fonder un gouvernement solide et incontesté pour 36 millions d'hommes; je sais que ce qu'une acclamation apporte, une autre acclamation peut l'emporter... Il faut aller jusqu'au fond du peuple et du pays; il faut aller extraire du droit national ce grand mystère de la souveraineté universelle, d'où sortent tout ordre, toute liberté, toute vérité... Je demande qu'on institue un gouvernement provisoire qui ne préjuge rien sur la nature du gouvernement définitif qu'il plaira à la nation de se donner, *quand elle aura été interrogée.* »

C'est cela! c'est cela! s'écrie le peuple. Et mille bravos, selon M. de Lamartine, éclatent à cette réserve des droits de la nation.

M. Ledru-Rollin s'exprime ainsi à son tour :

« Je viens protester contre l'espèce de gouvernement qu'on est venu proposer à cette tribune. Si vous résistez, si vous prétendez qu'un gouvernement par acclamation... existe, nous nous battrons encore au nom de la constitution de 1791, qui plane sur le pays, qui plane sur notre histoire... Pas de régence d'une façon usurpatrice! »

Si nous suivons ces deux orateurs, devenus les chefs du gouvernement provisoire, jusqu'au pied des marches de l'hôtel de ville, nous les entendrons proclamer encore de là que le gouvernement provisoire veut la république, « sauf la ratification du peuple, « qui sera immédiatement consulté. Sans ratification, « il n'y a point d'acte. » C'est là, dit M. de Lamartine, le sens de la proclamation de la république par la majorité du gouvernement provisoire.

Tels sont, Messieurs, les faits racontés par ceux-là mêmes qui ont eu le premier rôle dans le drame de février. Tels sont aussi les faits auxquels se rapportent les premières lignes de l'article de la *Gazette de France.*

Eh bien! je le demande à tout homme de bonne foi, la *Gazette de France*, en présence de ces actes, de ces paroles, de ces protestations, n'a-t-elle pas le droit de s'étonner qu'on la poursuive pour avoir dit que la république n'avait été ni mise aux voix, ni délibérée, ni discutée, ni votée?

Qu'est-ce, en définitive, qu'un acte qui n'a pas reçu la sanction formelle, directe, du pays, quand cet acte ne peut avoir de vie, d'après M. de Lamartine lui-même, que par sa ratification?

Un acte semblable, au lieu d'un droit que la *Gazette de France* voudrait y voir, ne constitue qu'un fait, un fait révolutionnaire, auquel, sans doute, l'intérêt de l'ordre oblige de se soumettre : voilà tout.

Tout ce qui a pu se produire depuis peut lui donner une apparence de légalité et de sanction, mais ce n'est évidemment là qu'une mesure incomplète.

Ainsi l'acclamation du 5 mai n'est rien autre chose encore qu'une acclamation, et l'on sait quelle valeur MM. de Lamartine et Ledru-Rollin attachent à une acclamation.

L'élection même, dont cette assemblée était issue, s'était-elle produite avec l'indépendance et la liberté qui, seules, pouvaient lui imprimer le sceau d'une autorité inattaquable et universelle? Est-il possible, dit la *Gazette de France*, de refouler, au fond de son âme, le souvenir de ces circulaires émanées des chefs du pouvoir, et portant d'un bout de la France à l'autre l'intimidation et la menace? La conscience publique est-elle restée partout libre de terreur et de toute influence? et deviendrait-on téméraire et coupable en supposant que le suffrage universel a été faussé, même dans sa première application?

Sans doute l'Assemblée nationale, remplissant sa

mission, a discuté et voté une constitution qui admet en principe la forme républicaine.

Mais tout en respectant cette constitution, la *Gazette de France* se demande si elle n'aurait pas dû elle-même être soumise formellement à la ratification du peuple.

Aucun équivalent, aucun assentiment indirect ne peut, à ses yeux, suppléer l'expression nette et précise de la volonté nationale.

A-t-elle le droit de poser cette question?

Ce droit, elle le puise dans la loi elle-même, qui consacre pour tous la liberté d'examen et de discussion.

Elle le puise dans la constitution même, qui, en se soumettant, par un article formel, à la révision de ce qu'elle consacre, autorise tous les esprits consciencieux à émettre leur pensée, leur jugement, sur les principes qu'elle a posés.

Elle le puise surtout (qu'il me soit permis de le dire) dans la nature même, dans le cœur de l'homme, dans cette conscience intime qui nous fait un devoir de signaler à notre pays ses dangers, ses fautes même, l'écueil qui le menace, le phare qui doit le sauver.

Elle ne comprendrait pas le respect pour les institutions républicaines sans un respect égal pour le suffrage universel, pour la souveraineté nationale.

Lui ferait-on un crime d'avoir pris au sérieux le mot de suffrage universel? Elle n'en veut pas seulement l'ombre ou le reflet, elle le veut entier, sincère, libre de toute influence, allant, selon une expression déjà citée, jusqu'au fond du peuple et du pays.

Sa conviction est que si on eût obéi franchement

à la loi du suffrage universel, la nation aurait trouvé dans ses institutions fondamentales, dans ses traditions, dans ses mœurs, des éléments plus assurés de stabilité et de bonheur.

La *Gazette de France* sait bien qu'il est des esprits détracteurs qui n'opposent à ses idées qu'un sourire de dédain. Ils lui demandent avec ironie où sont, dans le passé, les traces de liberté véritable qu'elle se plaît à y voir; où sont les institutions qu'elle fait fleurir à côté d'une monarchie ambitieuse et jalouse de son pouvoir. Pour eux, il n'y a là qu'une illusion, un rêve d'une imagination qui se trompe elle-même.

La *Gazette de France* n'a qu'une réponse à faire : c'est qu'il n'est pas une idée, une maxime, un principe, un mot enfin proclamé en 1789, qui n'ait déjà retenti de siècle en siècle dans les longues et glorieuses annales de la France.

On trouve la liberté au berceau de notre histoire. Elle marche avec la nation dans les camps et dans la paix. Elle fait les lois et donne les trônes. Plus tard, on voit la royauté chercher en elle son plus ferme appui.

Si les états généraux ne furent point une institution régulière dans l'ancienne monarchie française, on ne devrait pas nier du moins l'effet moral qu'ils ont produit. Ils ont été, dit un grave historien, d'époque en époque, une protestation contre la servitude politique; et ce n'est pas un léger service à rendre à un peuple que de maintenir dans ses mœurs, de réchauffer dans sa pensée, les souvenirs et les prétentions de la liberté.

Ce n'est pas la royauté, d'ailleurs, qui a éloigné d'elle les états généraux; elle a toujours senti, au contraire, le besoin de se rapprocher du peuple. Les rois, dont l'enfance avait été environnée de troubles et d'orages, ont pu céder plus facilement aux feintes alarmes de ministres ou de courtisans intéressés, qui leur représentaient ces assemblées comme portant en elles-mêmes le germe de ces perturbations publiques. Mais qui ne sait que, sous le roi le plus accoutumé à voir plier tout sous sa volonté, un illustre prélat, le sage Fénelon, enseignait à son royal élève que son premier soin devait être, en parvenant au trône, de s'entourer des mandataires de la nation, afin de s'en faire aimer, et d'en mieux connaître les besoins et les vœux ?

D'un autre côté (qu'on me pardonne de le rappeler dans cette enceinte), un corps puissant, celui des parlements, non content de sa justice souveraine, ayant réussi, par ses empiétements successifs, à attirer à lui le droit de contrôle qui n'appartenait qu'à la nation elle-même, on se déshabitua peu à peu des états généraux. Ce fut une grande faute; car on ne tarda pas à se convaincre de la faiblesse et de l'insuffisance des parlements, quand le pouvoir fut aux prises avec des difficultés sérieuses.

Je ne veux pas, Messieurs, vous faire remonter avec moi ce passé qu'ont illustré nos pères par la défense de leurs droits, d'ailleurs imprescriptibles. Mais, croyez-le bien, il peut tendre la main au présent, sans que les susceptibilités de notre époque puissent en être froissées ou alarmées.

Les cahiers de 1789, soumis aux états généraux,

ne sont, aux yeux de la *Gazette de France*, autre chose, après tout, que l'inventaire glorieux des progrès réalisés depuis longtemps déjà dans nos mœurs et dans nos idées. C'est le magnifique résumé des conquêtes successives de l'esprit public en France. Il n'y a donc qu'ignorance dans ceux qui outragent ainsi systématiquement le passé; et pour tous ceux, au contraire, dont l'âme s'émeut aux grandeurs de la patrie, il y a dans nos quatorze siècles d'existence, malgré certains abus inhérents à toute société humaine, et que la raison plus éclairée des peuples fait peu à peu disparaître, il y a, dis-je, assez de titres de liberté, d'honneur et de gloire pour satisfaire, à toutes les époques, un légitime orgueil national. (Marques générales d'assentiment.)

L'homme éminent en qui s'est longtemps personnifiée la *Gazette de France*, et qui la dirigeait encore au mois de février, M. de Genoude, dont la perte encore récente a si profondément attristé ses nombreux amis, ne poursuivait donc pas une vaine chimère, mais une réalité pleine du plus haut intérêt, lorsqu'il consumait ses jours et ses nuits à ranimer partout le patriotisme éteint, à montrer ce qu'avait été la France, ce qu'elle pourrait être encore par une alliance heureuse entre le pouvoir et la liberté.

N'était-ce pas, Messieurs, une noble tâche?

Et faudra-t-il lui demander un compte rigoureux de ses murmures et de ses plaintes en présence de ce qu'il regardait comme un mépris pour le droit de la nation? Lui, l'apôtre du suffrage universel, qui a combattu vingt ans pour en assurer la conquête, on pourrait trouver étrange qu'il protestât contre la violation de ce principe proclamé en février avec tant d'éclat!

Que dit-il de plus que M. de Lamartine? « Si vous ne vous fiez pas au suffrage universel, dit ce dernier, c'est-à-dire, à l'expression et au jeu de la souveraineté complète et unanime de votre pays, à quoi vous fierez-vous sur la terre? »

C'est à cette défiance du suffrage universel, à cet abandon d'un droit sacré que la *Gazette de France* qualifie d'usurpation sur la souveraineté nationale, qu'il faut attribuer, dit-elle, tout ce qu'on voit, tout ce que M. de Lamartine est obligé d'avouer lui-même, à savoir, le désaccord de l'Assemblée avec elle-même, puis avec le pouvoir exécutif, et enfin avec le pays..

A-t-il tort? Ce désaccord est-il imaginaire?

C'est M. de Lamartine qui se charge de répondre, en se proposant à lui-même et devant la Chambre trois questions.

Il se demande d'abord si l'Assemblée nationale est dans un accord parfait avec elle-même; et il trouve, dans les différents votes qui ont eu lieu depuis trois semaines, un mois, la preuve que cet accord n'est pas complet, qu'il n'est pas suffisant.

Il recherche en second lieu si le pouvoir législatif est d'accord avec le pouvoir exécutif; et il signale aussitôt les symptômes de conflits, de froissements pénibles, irréfléchis, illogiques, qui se sont élevés entre ces deux pouvoirs.

Enfin il interroge l'Assemblée nationale, et lui demande si elle est d'accord avec l'opinion publique, qui est, dit-il, la souveraineté intellectuelle; et il lui rappelle l'élection du 10 décembre, qui a trompé dans son sein tant de calculs et tant d'espérances!

La *Gazette de France*, en constatant ce désaccord trop certain, montre au même instant les conséquences qui en découlent, les agitations, la guerre intestine, la ruine de nos finances, la détresse générale, la misère du peuple.

Ce tableau est-il exagéré?

M. de Lamartine va faire entendre des paroles non moins alarmantes :

« Ne voyez-vous pas, s'écrie-t-il, quelque doulou-
« reux qu'il soit pour moi et pour un bon citoyen de
« dérouler à la face de son pays et du monde les
« plaies du moment, ne voyez-vous pas que cette ré-
« publique périclite?... Ne voyez-vous pas quelle
« agitation trouble ici l'empire tout entier, se ré-
« pand dans Paris et dans les provinces?... Ne voyez-
« vous pas cette suspension douloureuse des affaires
« qui nous implore jour par jour?... Êtes-vous sourds
« à la voix de cette cause du peuple?... Et au dehors,
« citoyens, ne voyez-vous pas comme moi, si comme
« moi vous vous regardiez dans le silence de vos
« âmes, ne voyez-vous pas aussi que la république
« chancelle dans son attitude?... »

La *Gazette de France* a-t-elle rien dans son langage qui atteigne le niveau de ces sombres pensées et de ces présages sinistres?

Ah! si du moins ce n'était là qu'une peinture fantastique, je comprendrais les sévérités de la loi contre celui qu'aveugleraient la passion et la haine au point de chercher un plaisir cruel à exagérer les maux de sa patrie, afin d'accroître ces maux mêmes par les cris d'un désespoir simulé !

Mais ce qui tombait en accents si douloureux de la tribune, et ce que traçait, dans sa conscience émue, la *Gazette de France*, sur la situation du pays, ne frappe-t-il pas encore aujourd'hui tous les regards et n'attriste-t-il pas encore toutes les âmes ?

En portant au hasard les yeux sur les divers organes de l'opinion publique, je me suis arrêté à une des feuilles les mieux placées, dit-on, pour connaître les mystères de cette situation, et pour inspirer toute confiance au ministère public. Je veux parler du journal *le Dix Décembre*. Dans un article qui date de huit jours à peine, voici comment il apprécie les circonstances actuelles :

« *La nécessité d'un gouvernement stable, énergique, n'est plus contestée par personne.*

« Et quelle que fût la validité de la constitution imposée à la France, de quelques bonnes raisons pût-on la défendre, *la situation a tort devant l'expérience.*

« On aura beau couvrir la politique actuelle de tout ce qu'il y a de plus respectable et de plus honnête au monde, *on n'arrivera jamais à donner assez de confiance au capital*, à l'industrie, aux relations en général, pour les engager à se mettre à découvert.

« Malgré la reprise des affaires, amenée par des besoins pressants et une certaine bonne volonté honorable, les grandes entreprises restent dans la plus déplorable immobilité ; — les grandes entreprises, qui seules mettent tout le reste en mouvement et déterminent l'aisance générale.

« Le peuple le sent bien lui-même, quand il voit revenir son patron, après une journée de fatigues et de démarches, rapportant, au lieu de belles commandes, de ces travaux chétifs, précaires, souvent au rabais, qui découragent l'entrepreneur et l'ouvrier.

« Marchons donc en cet état, s'il le faut, et continuons pendant trois années une expérience qui peut coûter l'épargne de plusieurs siècles, qui peut ruiner, anéantir la partie la plus intellectuelle et la plus intéressante de notre industrie.

« La France perdra sans doute bien des milliards dont l'Angleterre et les nations, nos rivales, sauront profiter : qu'importe?...

« Qu'on ne vienne plus, au moins, accuser le dépositaire du pouvoir exécutif... car tout le mal, tout le danger viennent des institutions ménagées par les hommes à CONSTITUTION. »

Quand de telles idées se rencontrent dans un tel journal, quand elles se formulent avec une si entière liberté, osera-t-on demander compte à la *Gazette de France* des craintes, des préoccupations, des vœux qu'elle exprimait au mois de février, pour arracher son pays à cette langueur qui le ruine et le tue? Osera-t-on lui reprocher de porter un jugement calme et consciencieux sur les institutions actuelles de la France, quand les organes de la presse, les plus rapprochés du pouvoir, jettent sur elles un cri de si profond découragement ?

Remarquez-le bien, cet article ne décrit pas seulement les symptômes du mal qui tourmente le pays, il l'attribue aux institutions mêmes, à ces hommes qui ont pris part à l'œuvre de la constitution.

Et un regard d'indulgence glisse sur ces hardiesses de langage !...

La *Gazette de France*, seule, restera-t-elle prise dans le réseau de la légalité? Est-ce que la justice n'a plus dans ses mains une balance égale pour tous?

Il ne suffit pas, Monsieur l'avocat général, de penser et de dire que la *Gazette de France* représente dans le pays le parti des nobles traditions et des grands souvenirs. Ce langage, que la défense avait recueilli avec joie comme un heureux présage, devait protéger cette feuille contre les sévérités de votre ministère.

Loin de là : après avoir donné des éloges, qu'elle croit mérités, à ses sentiments, à sa droiture, à son amour de l'ordre, vous n'hésitez pas à l'assimiler à ces feuilles démagogiques sur lesquelles vous venez de laisser tomber toutes les rigueurs d'une conscience indignée !... Pourquoi cela ?

La *Gazette de France* repousse ce rapprochement entre leurs doctrines et les siennes; et s'il est vrai, comme le disait M. l'avocat général, que ce rapprochement devait être déjà pour elle une peine presque suffisante, pourquoi sa justice n'a-t-elle pas voulu s'arrêter devant cette expiation?

Si la douleur de la *Gazette de France*, à l'idée seule d'une assimilation pareille, a été aussi vive que le suppose avec raison l'organe du ministère public, je ne veux pas d'autre preuve de l'injustice de cette confusion, si gratuitement faite, entre des idées et des principes qui, selon l'expression même de M. l'avocat général, siégent aux deux extrémités de l'horizon politique.

Mais je n'ai pu me défendre d'un profond étonnement, lorsque j'ai vu M. l'avocat général chercher en dehors de l'article déféré à votre examen un appui nouveau à sa sévérité.

Quoi donc? Aura-t-il senti trembler sous ses pas le sol de l'accusation?

Je ne comprends pas, en vérité, ce que signifie la citation qu'il a faite de ce lambeau d'article, puisé dans le journal *l'Ordre*.

Il en a voulu tirer cette conséquence, que les amis de la *Gazette de France* eux-mêmes la blâment de la témérité de ses théories.

Que prouve cet article, étranger à ce procès? Une division momentanée entre des hommes honorables, un nuage passager qu'une mutuelle estime a promptement dissipé.

Ah! serai-je donc réduit à imiter sur ce point M. l'avocat général, et à lui montrer dans tous les partis ces dissidences, ces divisions qui les affaiblissent tous?

Le parti de l'ordre, celui qui veut la sécurité, le bonheur du pays, est-il si fortement uni qu'aucune crise ne puisse en rompre le lien?

Que dis-je? Dans les plus hautes régions du pouvoir, l'harmonie a-t-elle toujours été complète?

Quoi! c'est en présence du triple désaccord sur lequel M. de Lamartine vient de passer le burin de son éloquente parole, que vous venez, presque avec un air de triomphe, montrer dans le parti de la *Gazette de France* une mésintelligence fugitive!...

Mais vous avez prononcé le nom de M. Berryer, l'honneur de ce barreau, et vous avez voulu vous en faire un appui contre la *Gazette de France*. C'est la première fois, je l'avoue, que je vois invoquer ce nom au soutien d'une accusation. Il n'a, jusqu'à ce jour, rayonné d'une gloire sans égale que du côté de la défense.

Ce n'est pas tout. M. l'avocat général, désertant encore l'article incriminé, est allé chercher un nouveau texte de reproche jusque dans une épigraphe du journal lui-même.

Voyez, a-t-il dit, le détestable esprit qui anime cette feuille! elle a écrit ceci en tête de ses colonnes: « Quand la nation est debout, que sont les représentants? » Et M. l'avocat général s'empresse d'ajouter que cette maxime date de 1793.

Je ne réponds rien aux paroles du ministère public sur cette triste époque. Il fait bien de flétrir ce qui doit l'être. Mais il faut être juste toujours.

M. l'avocat général me semble n'avoir pas apprécié, avec sa sagacité habituelle, les mots qu'il a cités.

Ces mots, que l'œil investigateur du ministère public est allé surprendre dans les replis les plus cachés du titre de cette feuille, s'expliquent par l'observation qui les suit, et qui annoncent qu'ils ont été prononcés au sein de la Convention même, par le rapporteur de la constitution. On disait à cette assemblée que la constitution étant envoyée à la ratification du peuple, c'était la nation qui était debout alors, et que les représentants devaient s'effacer devant elle.

Rien de plus logique.

C'est ce que la *Gazette de France* aurait dit sans doute, si la constitution de 1848 eût été soumise directement à l'assentiment national.

Mais, au surplus, il suffit qu'un esprit aussi éclairé que M. l'avocat général ait pu prendre quelque ombrage à ce sujet, pour que la *Gazette de France* se hâte de faire disparaître une citation à laquelle elle-même attachait peu d'importance. J'en prends l'engagement pour elle.

Je vous demande pardon, Messieurs, de ces digressions inattendues; mais M. l'avocat général m'a ouvert un champ si vaste, que, pour le suivre, j'ai besoin d'être soutenu encore par cette attention si bienveillante que vous m'avez prêtée jusqu'à ce moment.

Dois-je relever la définition singulière que le ministère public vient de donner de l'appel au peuple, dans les intentions supposées de la *Gazette de France?* Dans l'appel au peuple, M. l'avocat général voit l'insurrection, la révolte contre les lois.

Est-ce bien sous l'empire des institutions républicaines qu'on tient un pareil langage?

Et pourquoi supposer ces pensées criminelles à la *Gazette de France*, lorsque M. l'avocal général a déclaré lui-même, à diverses reprises, qu'il croyait à la droiture de ses intentions? La *Gazette de France* a toujours protesté contre les voies de violence et de désordre; plus qu'aucun autre, elle a flétri l'insurrection. Eût-elle dans sa main l'arme meurtrière qui pourrait abattre les obstacles placés entre elle et le but auquel elle aspire, elle se hâterait, croyez-le bien, de la rejeter loin d'elle, parce qu'elle n'agit que dans une mission d'ordre et de paix, parce qu'elle agit comme l'homme de bien qui marche sciemment sous le regard de Dieu.

N'a-t-elle pas applaudi toujours aux efforts du pouvoir, luttant pour le maintien de l'ordre et des lois? N'a-t-elle pas été, sur ce point, un des organes les plus empressés de la reconnaissance publique?

Réservez donc toutes vos colères contre ces indignes publications auxquelles vous avez fait allusion tout à l'heure. Frappez sans pitié les calomnies, les provocations à la révolte, ces grossières insultes que nous venons d'entendre, et qui s'adressaient à la force publique, à l'armée, si fidèle au devoir, et qui fait, non-seulement la sécurité, mais encore l'orgueil et la gloire de notre pays. Oui, poursuivez de tels outrages. Sévissez encore, et les louanges des hommes de bien ne vous manqueront pas, sévissez contre ces attaques aux lois les plus saintes de la famille, contre ces hideuses théories qui, sous un manteau de justice et d'humanité, appellent la spoliation et la ruine, et s'efforcent d'ébranler les bases mêmes de la société. Arrachez-leur le masque dont elles se couvrent, vous aurez alors bien mérité de vos concitoyens! Mais la *Gazette de France*, vous le savez bien, n'a rien de commun avec ces doctrines détestables, avec ces implacables ennemis de la paix publique.

Le dernier paragraphe de l'article poursuivi n'est-il pas même une réponse éclatante aux suppositions toutes gratuites de l'organe de l'accusation?

Point de violence matérielle, point de contrainte morale! Voilà le couronnement de ses idées, voilà le sens qu'elle donne à l'appel au peuple.

Mais M. l'avocat général ne s'arrête pas à ce moyen si complet de justification. Il insiste, et dit : « La *Gazette de France* fait son appel au peuple trop tard ou trop tôt. »

Trop tard! Il fallait le faire le lendemain de la révolution de février.

Trop tôt! Il faut attendre trois ans encore.

Je ne puis croire qu'il y ait là un langage sérieux.

La *Gazette de France* n'a pas varié dans l'expression de sa pensée depuis le jour du triomphe du suffrage univerel.

Chaque jour elle a protesté contre ce qui lui paraissait une violation du droit national, une forme de gouvernement établie, selon l'expression de M. Ledru-Rollin, *d'une façon usurpatrice!* Et maintenant on voudrait lui interdire l'aspect et les prévisions de l'avenir.

Qu'est-ce à dire? Est-ce que la constitution elle-même, comme je l'ai déjà rappelé, ne s'est pas soumise à une révision?

Faudra-t-il jusque-là marcher un bandeau sur les yeux?

Si l'appel au peuple doit être légitime, selon M. l'avocat général, dans trois ans, il l'est dès aujourd'hui.

Mais je me résume :

La *Gazette de France* n'a jamais voilé sa pensée. Elle n'a pas recours à ces insinuations, à ces ruses de langage que semblait lui prêter le ministère public. Ce qu'elle veut, c'est la liberté ; c'est le triomphe des grands principes proclamés en 1789 ; c'est la monarchie héréditaire, qu'elle croit essentielle à la sécurité, au bonheur, à la gloire de la France. Il lui est arrivé (qu'on le lui pardonne !) de tourner les yeux, comme M. Ledru-Rollin, vers la constitution de 1791, qui, selon cet orateur, *plane sur notre pays et sur notre histoire.* Mais entre elle et lui il y a cette différence, qu'il a oublié et qu'elle s'est souvenue. Elle ne considère pas, comme lui, la constitution de 1791 sous une seule de ses faces. En y lisant le principe de la souveraineté nationale, elle y voit aussi, gravé en caractères non moins profonds, celui de la royauté héréditaire. Ce que l'on croyait alors un des éléments constitutifs de la prospérité du pays, elle le juge encore indispensable à sa stabilité, à sa bonne fortune, à ses intérêts véritables. Elle le pense et elle l'écrit chaque jour, sans mystère, sans dessein de trouble, en s'adressant, non aux passions ou aux mauvais instincts, mais à la raison, à la conscience, au bon sens du pays.

En cela, la *Gazette de France* croit user d'un droit qui lui appartient, d'un droit qui découle de la loi, de la constitution même.

Où est l'*attaque* qu'on lui impute?

Tout est expliqué dans cet article, et il n'est pas un mot où respire une intention d'attaque.

L'attaque porte avec elle l'idée de la *violence* et de la *brutalité* dans le langage.

Telle est l'opinion de tous les auteurs.

Or, je cherche en vain cette violence, cette brutalité d'expression.

Déjà quatre ou cinq fois la *Gazette de France* a été traduite devant le jury pour les mêmes opinions, formulées dans les mêmes termes; et toujours le jury a, par ses verdicts, protesté contre de semblables poursuites.

Pourquoi? Parce qu'il a compris que c'est, non-seulement un droit, mais un devoir pour chaque citoyen d'exprimer ce qu'il croit être consciencieusement dans l'intérêt du pays.

Vous suivrez, Messieurs, ces exemples d'une justice élevée.

Vous voulez assurément la paix, la sécurité, le bonheur de la France.

Ceux sur lesquels on appelle votre sévérité tendent au même but.

Oublions enfin toutes les querelles de parti, toutes les divergences d'opinion, pour travailler ensemble au rétablissement de la prospérité publique.

Le chef du pouvoir actuel comparait, il y a peu de jours, la France à un vaisseau qui, après avoir été ballotté par les tempêtes, a besoin de se radouber, de refaire son lest, de rétablir ses mâts et sa voilure; et il ajoutait ces mots : « Comptez sur la protection de l'Être suprême, qui encore aujourd'hui protége la France. »

Ce doit être, Messieurs, notre conviction à tous. Hâtons-nous, par un commun effort, de réparer, s'il est possible, nos désastres, de relever nos ruines. Dieu nous viendra en aide, il étendra sa main sur la France pour la guérir de ses profondes blessures, il la préservera des tempêtes et de l'abîme; croyons-le fermement.

Et nous, qui gardons un culte pour toutes les grandeurs de notre pays, croyons en outre qu'il est auprès de Dieu pour la France un protecteur puissant et assuré; celui que Chateaubriand appelle avec l'histoire un législateur, un héros, un saint; celui dont nos temples religieux honorent en ce jour même la mémoire; celui qui, sur le trône, rendait la justice à tous et servait de ses mains le pauvre, et qui, sur la cendre où son humilité voulut mourir, disait, pour dernière instruction, à son fils : « Fais droicture et justice à chacun. Sois doux et compatissant pour les pauvres, et les conforte et aide selon ce que tu pourras... »

Oui, Messieurs, là aussi est l'espoir de la France! (Vive et profonde sensation.)

Un dernier mot, et je finis.

Tout proteste, je l'ai dit, contre la poursuite que je combats en ce moment; tout, jusqu'à ces belles paroles que je recueille encore et que je cite avec bonheur :

« Ce n'est pas sans émotion, disait à Nantes le président de la République, que je me suis arrêté avec respect devant le tombeau de Bonchamp; ce n'est pas sans émotion qu'aujourd'hui, assis au milieu de vous, je me trouve en face de la statue de Cambrone. »

Est-ce le hasard seul qui a rapproché dans un même esprit ces deux types glorieux de la fidélité au drapeau ? Non, sans doute. Il y a là un sens admirable que chacun doit comprendre. Il y a l'indice de ce respect que nous devons tous aux convictions sincères, loyales et patriotiqnes.

Ce respect, je le demande aussi, à mon tour, devant une tombe à peine refermée.

M. de Genoude, qui vient d'y descendre suivi de l'estime de tous, qu'était-il lui-même ? Un soldat de la pensée, infatigable à la lutte, mort sous son drapeau comme le général vendéen, et, comme lui, en priant pour la France !

Sans doute la loi ne peut atteindre que le gérant responsable d'un journal ; mais, en réalité, la *Gazette de France*, n'était-ce pas M. de Genoude ?

Une condamnation ne pourrait donc être prononcée sans retomber sur sa mémoire.

La conscience publique, je ne crains pas de le dire, ne ratifierait pas cette sentence.

Mais je ne l'ai pas redoutée un seul instant de votre sagesse éclairée et de votre justice, pleine à la fois d'indépendance et de fermeté.

J'ai dit en commençant qu'elle était impossible. C'est par ce mot encore que je termine. (Assentiment général.)

Après quelques minutes de délibération, le jury rapporte un verdict d'acquittement. (*Gazette de France du 26 août 1849.*)

www.ingramcontent.com/pod-product-compliance
Ingram Content Group UK Ltd.
Pitfield, Milton Keynes, MK11 3LW, UK
UKHW021038220726
13924UKWH00001B/387